1ª edição
Copyright © 2023, Editorial Libsa

Publicado no Brasil por
Girassol Brasil Edições Ltda.
Av. Copacabana, 325 - 13º andar - Conj. 1301
Alphaville, Barueri - SP, 06472-001
leitor@girassolbrasil.com.br
www.girassolbrasil.com.br

Direção Editorial: Karine Gonçalves Pansa
Coordenadora Editorial: Carolina Cespedes
Assistentes Editoriais: Laura Camanho e Leticia Dallacqua
Edição: Ana Paula de Deus Uchôa · Tradução: Monica Fleischer Alves
Diagramação: Patricia Benigno Girotto · Ilustrações: Susana Hoslet Barrios
Fotografias: Shutterstock Images, Gettyimages

Dados Internacionais de Catalogação na Publicação (CIP)
Angélica Ilacqua CRB-8/7057

Martínez, Ana
 Práticas de laboratório : Universo / Ana Martínez, Fernando Martín ; tradução de Monica Fleischer Alves. -– Barueri, SP : Girassol, 2023.
 60 p. : il., color.

ISBN 978-65-5530-562-3
Título original: El Universo y los planetas: 25 experimentos paso a paso

1. Literatura infantojuvenil 2. Planeta Terra I. Título II. Wakasugui, Talita III. Martín, Fernando IV. Alves, Monica Fleischer

23-1400   CDD 028.5

Índices para catálogo sistemático:
1. Literatura infantojuvenil

SUMÁRIO

Introdução, 4

A gravidade nos mantém, 6
- Paraquedas multicoloridos, 7

Equilibrando no ar, 8
- A bola que flutua, 9

Para que serve a atmosfera, 10
- As camadas que nos protegem, 11

A pressão atmosférica, 12
- Um ovo na garrafa, 13

A Terra gira: o efeito Coriolis, 14
- Os aviões voam em linha reta?, 15

As estações do ano, 16
- Do verão ao inverno, 17

Como a Terra gira em volta do Sol?, 18
- A rota dos planetas, 19

Senhor Sol, pode me dizer que horas são?, 20
- Crie um relógio de sol, 21

Os eclipses, 22
- A caixa dos eclipses, 23

O Sol está queimando!, 24
- Com que cor eu me visto?, 25

A cor do céu, 26
- O leite é branco ou azul?, 27

A luz que não vemos, 28
- O que sai do controle remoto?, 29

Quanto mede a Lua?, 30
- Cálculos com a sombra, 31

As fases da Lua, 32
- A caixa lunar, 33

A Lua está sincronizada, 34
- Procurando o lado oculto da Lua, 35

Crateras e meteoritos, 36
- Impacto!, 37

Por que se flutua no espaço?, 38
- Experimente a ausência de peso na Terra, 39

Os anéis de Saturno, 40
- Formando anéis, 41

Por que os planetas são redondos?, 42
- A esfera que se deforma, 43

Ver o céu de perto, 44
- Um telescópio em casa, 45

As estrelas se apagam à noite?, 46
- A estrela que sempre brilha, 47

O vazio no espaço, 48
- A força do vazio, 49

Viajar para o espaço em um foguete, 50
- Suba, levante e voe!, 51

Satélites no espaço, 52
- O equilíbrio de forças, 53

Os veículos sem atrito do futuro, 54
- *Hovercraft* caseiro, 55

Você precisa saber..., 56

INTRODUÇÃO

O universo é enorme. Com certeza, os primeiros seres humanos se sentiram impressionados com tanta grandeza e acharam que a Lua ou as estrelas, com seu brilho e sua beleza inatingível, eram algo que apenas poderia ser alcançado em sonhos. Hoje sabemos que tudo tem uma ordem e uma explicação científica, e é isso que você está prestes a descobrir. Bem... além de entender de espaço, que tal fazer um montão de experimentos?

Neste livro, você vai ter a chance de aprender tudo sobre planetas, estrelas, gases e a mais recente tecnologia aeroespacial. E vai entender por que acontecem fenômenos como a falta de gravidade ou a pressão atmosférica, por que existem o dia e a noite, e por que há diferentes estações, como nosso planeta gira e o que é um eclipse...

Depois você pode arregaçar as mangas, fazer seu próprio relógio de sol e outros experimentos, com maquetes sobre os movimentos planetários ou com os efeitos da luz, inclusive um telescópio caseiro, um foguete ou um *hovercraft*. Não se esqueça de convidar todos os amigos! O bom cientista compartilha, compara e comenta sobre seus experimentos.

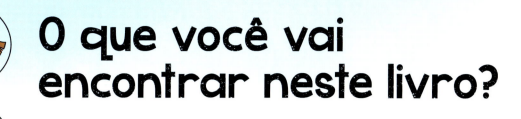

O que você vai encontrar neste livro?

Você vai encontrar um total de **25** fenômenos que ocorrem no universo, cada um deles acompanhado de um experimento que servirá para você entendê-lo melhor e comprovar que funciona.

Em cada experimento você vai ver:

 O **tempo que você levará** para fazê-lo, da preparação aos resultados, para que possa se organizar melhor.

Você precisa de: Uma **lista com os materiais** necessários. A maioria deles você deve ter em casa e, por isso, poderá ter seu próprio laboratório.

 Alguns **sinais de alerta**, porque é necessário pedir a ajuda de um adulto para realizar os experimentos. Embora nenhum dos experimentos que você vai encontrar neste livro seja perigoso, em alguns momentos será preciso pedir ajuda ou supervisão.

 Algumas **recomendações** para melhorar seu experimento.

 Uma **lista com o passo a passo de como realizar o experimento**. A ordem dos passos é importante. Por isso, procure segui-la.

Uma **explicação do experimento** e como isso ajuda a entender este fenômeno da natureza.

Lembre-se sempre do mais importante!

O principal objetivo deste livro é fazer você se divertir enquanto aprende. A ciência é e pode ser ainda mais divertida. Então, use sua imaginação, aproveite os experimentos e tenha sempre curiosidade para **saber mais**.

5

A gravidade nos mantém

Por que ficamos presos ao chão e, quando pulamos, caímos outra vez? Isso acontece devido a uma força invisível: a gravidade.

A lei da gravidade foi descoberta por Isaac Newton no século XVII. Diz a lenda que, um dia, enquanto lia embaixo de uma macieira, uma das maçãs caiu sobre sua cabeça e ele procurou saber por que os objetos caíam.

A gravidade é uma força exercida pela Terra a partir de seu núcleo, no centro, que atrai os elementos em sua direção. Ao redor da Terra, existe uma zona gravitacional, onde qualquer elemento que esteja próximo será atraído.

Além disso, quanto mais pesado for o objeto, mais atraído se sentirá. Se não existisse a gravidade, não poderíamos ficar de pé ou quando jogássemos uma bola no ar, ela nunca cairia. A mesma coisa acontece com os planetas: a gravidade os mantém girando em volta do Sol; ou com a Lua, que fica ao redor da Terra porque está dentro de sua zona gravitacional.

Paraquedas multicoloridos

Você precisa de:
- Papel de seda de três cores diferentes
- Uma régua
- Um lápis
- Tesoura
- Um carretel de linha
- Fita adesiva
- Seis clipes
- Uma cadeira

20 minutos de preparação

Atenção
Tome cuidado para não se cortar com a tesoura!

01 Desenhe e recorte um quadrado em cada folha de papel de seda: um com 15 cm, outro com 20 cm e o último com 25 cm de cada lado.

02 Corte 12 pedaços de linha, com 15 cm cada um.

03 Use a fita adesiva para colar cada fio em uma das quinas de cada quadrado.

04 Amarre as pontas dos fios de cada quadrado.

05 Prenda os clipes em pares e coloque cada par no nó de um paraquedas (quadrado).

06 Com cuidado, suba na cadeira e solte no ar cada paraquedas. Como cada um deles caiu?

O que está acontecendo?

A gravidade puxa os paraquedas para baixo, mas o ar retido embaixo do papel os freia e eles caem aos poucos. Os maiores caem mais lentamente pois têm mais ar retido. Experimente colocar mais peso: ele vai cair mais rápido!

Equilibrando no ar

Você já deve ter visto uma folha de árvore se mexendo quando venta. Ao atingir um objeto leve, uma corrente de ar é capaz de movê-lo em qualquer direção e, às vezes, também em direção ascendente, fazendo com que pareça que esses objetos estão flutuando.

Na realidade, o que estamos vendo é um momento em que duas coisas se equilibram: a força da gravidade e a força com que a corrente de ar empurra o objeto para cima.

A força da gravidade funciona como se puxasse qualquer objeto em direção ao solo constantemente. Podemos superar a gravidade fazendo um esforço, como saltar,

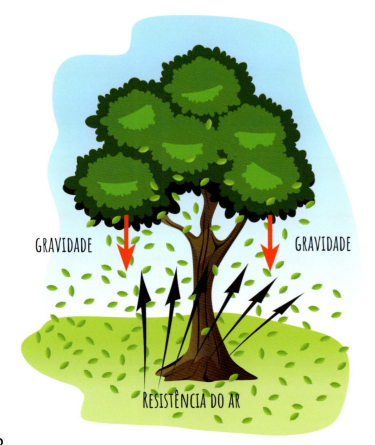

mas no momento em que perdemos impulso, a gravidade volta a ser mais forte e caímos no chão.

A mesma coisa acontece com as correntes de ar que sobem e aos objetos que arrastam com elas: se estiverem equilibradas, as duas forças podem fazer o objeto flutuar. Parece mágica, mas é ciência!

A bola que flutua

10 minutos de preparação

Você precisa de:
- Um secador de cabelo
- Uma bola de pingue-pongue

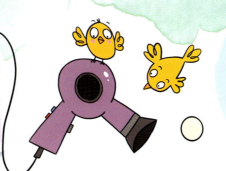

Dica
Peça ajuda para usar o secador e coloque-o no modo frio para economizar energia.

01  Coloque a ponta do secador de cabelo virada para cima e ligue-o.

02 Segure a bolinha no centro do jato de ar que sai do secador.

03 Solte a bolinha por cima do secador e veja como ela se comporta. O que está acontecendo?

04 Suavemente, empurre a bolinha para fora do jato de ar e observe como ela reage.

05 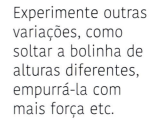 Experimente outras variações, como soltar a bolinha de alturas diferentes, empurrá-la com mais força etc.

O que está acontecendo?

A corrente de ar do secador de cabelo tem potência suficiente para empurrar a bolinha, que é bem leve, para cima. Quando a força com que você a empurra para cima se equilibra com a da gravidade, que a empurra para baixo, ela continua flutuando. Mas, se sair da corrente de ar, ela cai.

Para que serve a atmosfera?

A atmosfera é uma capa de gás que rodeia e protege a Terra dos raios solares, dos meteoros, ajuda a manter a sua temperatura etc. Por isso, costuma-se dizer que a atmosfera é o que permite a existência de vida no nosso planeta.

Ela é formada por muitas camadas em que acontecem coisas diferentes. Vamos conhecer uma a uma com sua espessura e suas características.

A **troposfera** está mais próxima do solo, a cerca de 10 quilômetros, e é onde se encontra o ar que respiramos, por onde viajam os aviões e onde estão as nuvens e a chuva.

A **estratosfera** mede entre 10 e 50 quilômetros de altura e acumula muitos gases nas diferentes camadas, como a camada de ozônio, por exemplo, que é a que nos protege dos raios do sol.

A **mesosfera**, que está entre 50 e 80 quilômetros de altura, é onde costumam se decompor os meteoroides.

A **termosfera** mede entre 80 e 400 quilômetros e é por ela que circulam muitos sinais de rádio e televisão.

A **exosfera**, a última das camadas, que se situa entre 400 e 10 mil quilômetros, está em contato com o espaço exterior.

EXOSFERA

TERMOSFERA

MESOSFERA

ESTRATOSFERA

TROPOSFERA

Comprove... O que vai acontecer?

Ao criar essas divisões, simulamos as camadas da atmosfera. Os objetos ficam em cada lugar assim como os que caem no planeta Terra: as camadas da atmosfera desempenham funções diferentes e cada uma nos protege de coisas diferentes.

As camadas que nos protegem

Você precisa de:
- Mel
- Leite
- Detergente
- Água
- Óleo
- Álcool
- Um parafuso
- Uma rolha
- Um grão de milho ou uma uva-passa
- Uma tampinha de garrafa
- Um vidro ou um copo alto transparente

Atenção
Não use o álcool sem a supervisão de um adulto!

10 minutos de preparação

Dica
Você pode tingir a água e o álcool com corante alimentício para dar um toque colorido ao seu experimento.

01 Coloque no vidro ou no copo, lentamente, e pela ordem, cada um dos ingredientes, tomando cuidado para que que não toquem nas paredes: mel, leite, detergente, água, óleo e álcool.

02 Observe como os líquidos não se misturam e como vai se formando uma linda escala de cores no recipiente que você escolheu.

03 Solte os objetos sobre os líquidos, um a um: o parafuso, o grão de milho ou a uva-passa, a tampinha e a rolha. Os líquidos com densidades diferentes não se misturam e os objetos continuam na camada de acordo com seu peso.

04 O que acontece com cada objeto quando cai? Onde fica? Todos eles chegam ao fundo?

A pressão atmosférica

Imagine que acima de você existe uma coluna de ar que atinge o topo da atmosfera. Todo esse ar tem um peso e, embora seja levinho e já estejamos bem acostumados, isso não significa que ele não está sobre nós.

A pressão atmosférica é a força que faz o peso do ar que temos sobre nós em um determinado ponto. E não é a mesma em todas as partes do mundo. Por exemplo, ela varia com a **altitude**: no topo das montanhas é menor que no mar, pois quanto maior a altura em que estamos, menor a coluna de ar e, portanto, menos peso.

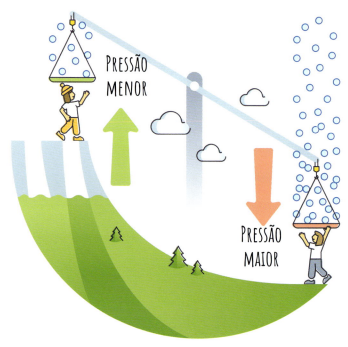

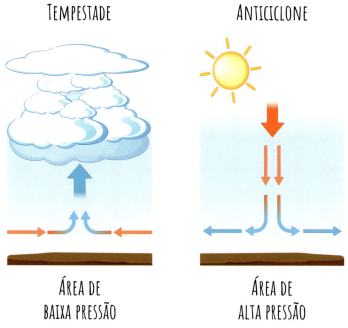

Se você quiser ser um grande meteorologista, precisa saber que essas mudanças na pressão têm efeitos importantes nas correntes e nas massas de ar e, por isso, são relativas ao tempo atmosférico: por exemplo, uma **tempestade** (chuvas e frio) está relacionada com as baixas pressões, enquanto os **anticiclones** (sol e tempo bom) estão relacionados com as altas pressões.

Um OVO na garrafa

5 minutos de preparação

15 minutos de observação

Atenção
Não use o fósforo nem o álcool sem a supervisão de um adulto.

Você precisa de:
- Um ovo cozido
- Algodão
- Álcool
- Fósforo
- Uma garrafa de vidro de boca larga (cerca de 4 centímetros de diâmetro)

01
Tire toda a casca do ovo cozido.

02
Molhe o algodão no álcool e deixe-o cair no fundo da garrafa.

03
Acenda o fósforo com cuidado e deixe-o cair no fundo da garrafa sobre o algodão para que se juntem.

04
Rapidamente coloque o ovo cozido e descascado na posição vertical sobre a garrafa, como se ele fosse uma tampa.

05
Espere e observe com atenção o que vai acontecer.

O que está acontecendo?

Quando o fósforo aceso se junta ao algodão embebido em álcool e pega fogo, o ar dentro da garrafa é consumido e ela fica vazia. Como não há nada que compense a pressão que empurra o ovo para baixo, aos poucos ele desliza para dentro da garrafa.

A Terra gira: o efeito Coriolis

O planeta Terra tem dois movimentos-chave: um deles é seu deslocamento ao redor do Sol, que se chama translação; e o outro é o movimento que ele faz sobre si mesmo, a chamada rotação. O movimento de rotação é o responsável por termos o dia e a noite, mas também por um outro fenômeno chamado "o efeito Coriolis".

O fato da Terra estar em movimento constante, girando em torno de si mesma, ou seja, girando sobre seu próprio eixo, afeta as correntes de vento e água em sua superfície. É algo que podemos notar facilmente em vários fenômenos.

Um deles, por exemplo, é a dinâmica dos ventos, ou a direção que os ventos seguem habitualmente nas diferentes zonas do planeta. Isso faz com que os ventos próximos à linha do Equador sigam para o oeste, tanto no hemisfério norte quanto no hemisfério sul.

Outro momento no qual podemos comprová-lo é quando se formam as tempestades, tormentas ou furacões que, devido ao movimento de rotação, têm sempre uma forma espiral. A volta que as correntes de água ou ar fazem (e que é diferente de um hemisfério para outro) se deve ao efeito Coriolis.

14

Os aviões voam em linha reta?

20 minutos de preparação

Atenção
Cuidado para não se cortar ao usar a tesoura!

Dica
Você vai precisar da ajuda de outra pessoa.

Você precisa de:
- Um pedaço de papelão
- Um lápis
- Tesoura
- Fita adesiva
- Um marcador permanente

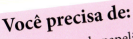

01
Com a ajuda da tesoura, faça um pequeno furo no centro do papelão.

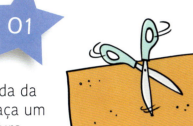

02
Coloque o lápis no furo e cole-o com fita adesiva. Assegure-se que, ao girá-lo, o papelão também girará.

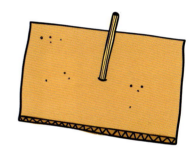

03
Marque dois pontos com o marcador nos extremos do papelão.

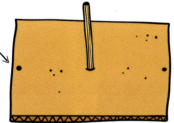

04
Peça para que outra pessoa segure o lápis e coloque o marcador em um dos pontos.

05
Peça para que a outra pessoa comece a girar o lápis enquanto você, com o marcador, trata de unir os dois pontos com uma linha reta. Conseguiu fazer uma linha reta? Não! Ela é curva!

O que está acontecendo?

O mesmo acontece com os aviões: como a Terra gira sobre si mesma, conectar duas cidades em linha reta não é possível e eles sempre traçam uma curva.

As estações do ano

O ano se divide em quatro estações distintas: primavera, verão, outono e inverno. Mas não são todas as partes do mundo que estão na mesma estação, o que significa que no hemisfério norte e no hemisfério sul as estações são opostas. Quando é verão no hemisfério norte, é inverno no sul. A mesma coisa acontece com a primavera e o outono.

A razão para isso acontecer se deve à inclinação do eixo da Terra em relação ao Sol. Essa inclinação significa que, como a Terra gira em torno do Sol, o chamado movimento de translação, os raios solares não atingem todas as partes do planeta da mesma maneira.

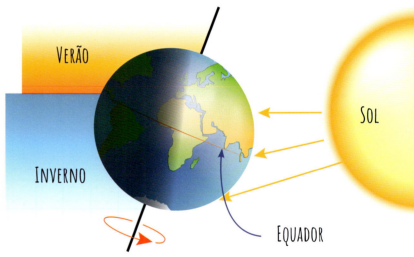

Nas regiões em que os raios do sol chegam de forma mais direta, estaremos nas estações mais quentes e, nas zonas em que os raios chegam menos diretos, teremos as estações frias, como se pode ver no esquema acima.

Comprove... O que vai acontecer?

A bola inclinada é a Terra, a elipse é o movimento de translação e a lâmpada é o Sol. No ponto mais distante do "Sol", no hemisfério norte, seria verão e, no sul, o inverno; quando se aproxima, ocorrerá o contrário.

Do verão ao inverno

30 minutos de preparação

Atenção
Cuidado para não se queimar com a lâmpada!

Você precisa de:
- Um abajur pequeno
- Uma bola de cortiça ou isopor
- Um elástico
- Dois adesivos
- Argila ou massinha
- Um palito
- Uma cartolina
- Um marcador permanente

Dica
Faça este experimento em um quarto escuro para poder distinguir melhor o que está acontecendo. Tire a cúpula do abajur para que a lâmpada fique descoberta.

01
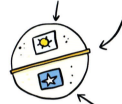
Ponha o elástico em volta da bola, bem no centro, para marcar o Equador. Em seguida cole um adesivo de cada lado do elástico.

02
Enfie o palito no centro da bola, incline-a um pouco para o lado e prenda-a com argila para que não se mova.

03

Na cartolina, desenhe uma elipse que una seus quatro cantos e coloque-a no chão com o abajur dentro dela, mais próximo de um dos lados mais curtos da elipse. Acenda a lâmpada e apague a luz do ambiente.

04
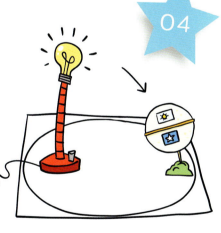
Coloque a estrutura feita com a bola sobre a linha da elipse, no lado oposto ao da lâmpada e com a bola inclinada em sua direção.

05
Você deverá mover a estrutura seguindo a linha, mas sem alterar o sentido da inclinação. Quando parar, gire a bola para direcionar os adesivos para a lâmpada. Como você vê a sombra nos adesivos ao longo da linha?

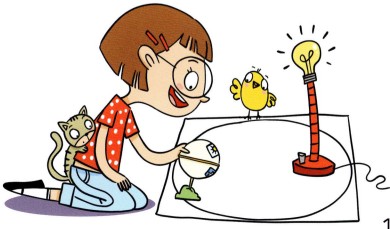

17

Como a Terra gira em volta do Sol?

Todos os planetas do Sistema Solar giram ao redor do Sol, mas nem todos têm exatamente a mesma trajetória. O caminho em volta do Sol pode ser maior ou menor, dependendo da distância em que estejam, o que influencia a duração de um ano em cada um desses planetas e a temperatura.

Apesar dos planetas girarem em torno do Sol, a rota que eles fazem não é circular, e sim, têm a forma de elipse. Isso só não vale para o caso de Mercúrio, que é o planeta mais próximo do Sol e que tem uma trajetória mais ou menos oval (quase circular).

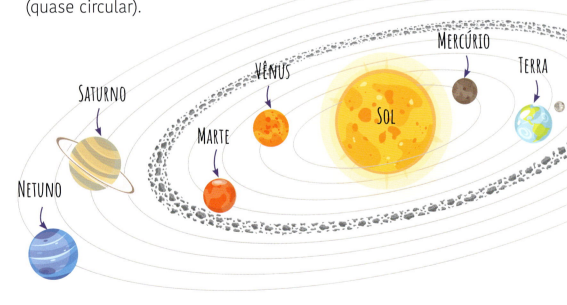

Sistema Solar

Não é que Mercúrio faça um movimento diferente dos demais planetas, mas é que quanto mais nos aproximamos do centro de uma elipse, a forma que ela tem é cada vez mais **circular**. E, à medida que nos afastamos, a elipse vai se achatando.

A rota dos planetas

15 minutos de preparação

Você precisa de:
- Um quadro de cortiça do tamanho de uma folha de papel ou maior
- Uma folha de papel
- Um lápis
- Seis tachinhas
- Barbante

01 Coloque a folha de papel sobre o quadro de cortiça e desenhe uma linha reta horizontal, que a divida em duas partes.

02 Fixe as extremidades da folha de papel na cortiça com as tachinhas. Ponha também uma tachinha em cada extremidade da linha desenhada.

03 Passe o barbante em volta das tachinhas da linha, unindo-as, e prenda-o para que não se solte.

04 Coloque um lápis na linha próxima a uma das tachinhas e leve-o até as bordas da folha, esticando o barbante.

05 Repita o passo anterior aproximando as tachinhas do centro.

06 Que formas você desenhou com o lápis à medida que foi aproximando as tachinhas do centro? Procure fazer as elipses de cores diferentes.

O que está acontecendo?

Ao seguir o barbante, o desenho do lápis é uma elipse. Se encurtar o barbante, aproximando as tachinhas, a elipse ficará mais curta e mais larga, mais parecida com um círculo. Quando as tachinhas ficam quase juntas, ele desenha um círculo quase perfeito. O mesmo vale para os planetas ao girar ao redor do Sol.

Senhor Sol, pode me dizer que horas são?

Se você quiser saber que horas são, basta olhar para um relógio. Mas como se media o tempo antigamente, quando não existiam relógios? A resposta está na posição do Sol.

Nosso planeta está em constante movimento, tanto ao redor do Sol, com o movimento de translação, como rodando sobre si mesmo. Nesse caso, faz o movimento de rotação sobre seu eixo em um período de 24 horas, ou seja, um dia.

Movimento de rotação

Movimento de translação da Terra

O eixo em que a Terra gira sobre si mesma não é reto, e sim inclinado cerca de 23 graus. Por isso, do nosso ponto de vista, o Sol percorre o céu de leste a oeste, como vemos do nascer ao pôr do sol, marcando a curva de um dia inteiro.

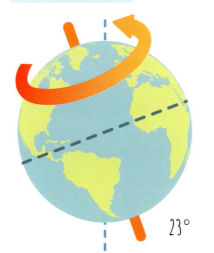

23°

Quando não havia relógios para medir o tempo, as antigas civilizações criaram o relógio de sol, que "marca a hora" com base na sombra projetada pelo Sol enquanto viaja pelo céu, mudando de posição e tamanho dependendo da hora e do dia do ano.

20

Crie um relógio de sol

15 minutos de preparação

1 dia de observação

Você precisa de:
- Um prato de papel
- Um marcador permanente
- Uma régua
- Um lápis
- Argila ou massinha
- Tesoura
- Uma bússola
- Um relógio

Dica

Você pode fazer este experimento em um lugar aberto, como campo ou praia, usando pedras para marcar as horas e um pedaço de pau para checar as sombras.

Atenção

Cuidado para não se cortar ao usar a tesoura!

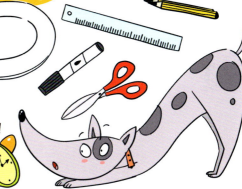

01 Escreva as horas no prato com o marcador e a ajuda de uma régua.

02 Com a tesoura, faça um furinho no centro do prato.

03 Coloque o lápis no buraquinho e incline-o ligeiramente para o norte, se você estiver no hemisfério norte, e para o sul se estiver no hemisfério sul. A bússola vai ajudar você nesta etapa. Use a argila fazer o suporte do lápis.

04 Ao meio-dia, coloque o prato em um lugar ensolarado e sem sombras. Gire o prato até que a sombra do lápis coincida com o número 12 marcado no seu prato.

05 Volte de hora em hora para ver o prato. Onde está a sombra?

O que está acontecendo?

A sombra do lápis vai se movendo à medida que as horas passam. Não é um relógio exato, porque não leva em conta a inclinação do eixo terrestre, mas ajuda a entender como o relógio de sol marca as horas: não é a sombra que se move, e sim a Terra que vai girando e fazendo com que a luz do sol incida sobre o lápis.

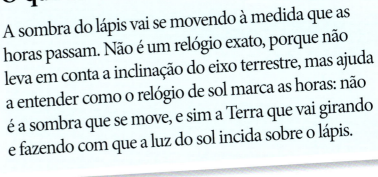

Os eclipses

Os eclipses, tanto do Sol quanto da Lua, são um dos fenômenos que mais despertam a imaginação do ser humano desde sempre. Civilizações tão antigas quanto as dos egípcios, dos astecas ou dos maias, já se preocupavam com os eclipses; e sabiam até prever quando aconteceriam.

Eles eram considerados símbolos de uma grande mudança ou de que uma mensagem dos deuses se aproximava, mas a realidade é que eles se devem aos movimentos de translação da Terra e da Lua.

Da mesma forma que a Terra gira em torno do Sol, a Lua o faz ao redor do nosso planeta. Isso significa que, quando reunidas as condições adequadas, a Lua se posiciona entre o Sol e a Terra, dando impressão de que o Sol está se escondendo em plena luz do dia, quase como se fosse noite. Quando o eclipse é lunar, é a Terra que se coloca entre o Sol e a Lua.

É muito perigoso olhar diretamente um eclipse porque, embora pareça que o Sol está encoberto pela Lua, os raios continuam a chegar até nós e isso pode causar danos irreparáveis à nossa retina.

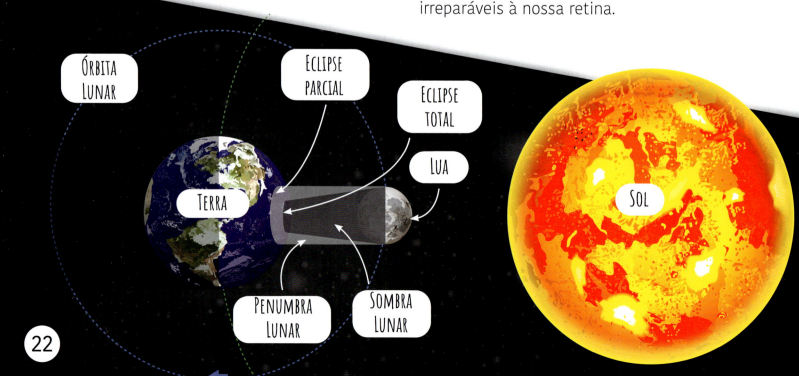

A caixa dos eclipses

20 minutos de preparação

Atenção
Cuidado para não se cortar ao usar a tesoura, o alfinete e o estilete.

Você precisa de:
- Uma caixa de papelão com tampa
- Um rolinho de papelão
- Tinta branca
- Um pincel
- Um alfinete
- Fita adesiva
- Tesoura
- Estilete
- Um lápis

01 Pinte o fundo da caixa com tinta branca.

02 Coloque o rolinho de papelão numa das laterais pequenas da tampa, faça o contorno com um lápis e recorte-o com o estilete.

03 Prenda o rolinho de papelão no buraco com fita adesiva.

04 Com o alfinete, faça um furinho na tampa da caixa no lado oposto ao lado onde você prendeu o rolinho.

05 Agora você pode desfrutar do eclipse de maneira segura, olhando através do rolinho de papelão.

O que está acontecendo?

Se você olhar o interior da caixa durante um eclipse, verá o mesmo que no céu, mas com segurança. A luz do Sol é captada pelo furinho, projeta-se na caixa e você a vê através do rolinho de papelão.

23

O Sol está queimando!

Você sabia que o Sol é uma estrela? Em volta dele, giram todos os planetas do Sistema Solar graças à atração que sofrem por sua gravidade, como a atração que os objetos sentem pela Terra.

O Sol é formado por gases muito quentes. Sua superfície chega a 5.500 °C! Em seu núcleo são produzidas explosões de hidrogênio que geram energia. Essa energia é transportada por partículas chamadas fótons, que viajam até a Terra. Além de luz, o Sol gera calor, mas não é uma fonte eterna de energia. Ele tem 4,5 bilhões de anos e consumiu quase metade do hidrogênio de seu núcleo.

Essa gigantesca bola vermelha é uma enorme fonte de energia que permite que animais e plantas vivam na Terra. Nosso planeta se encontra a uma distância perfeita, nem muito perto, nem muito longe do Sol, para poder captar os raios e o calor sem sofrer grandes efeitos negativos. Ele é fundamental para a vida na Terra!

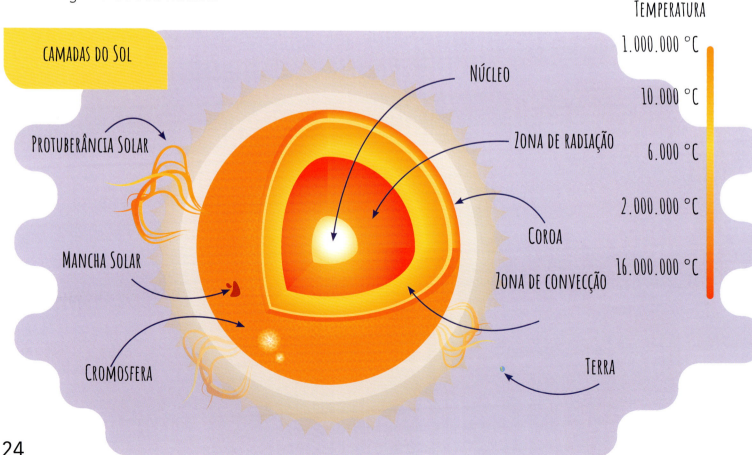

Camadas do Sol

Temperatura: 1.000.000 °C, 10.000 °C, 6.000 °C, 2.000.000 °C, 16.000.000 °C

Protuberância Solar, Mancha Solar, Cromosfera, Núcleo, Zona de radiação, Coroa, Zona de convecção, Terra

Com que cor eu me visto?

Você precisa de:
- Quatro cartolinas das cores: preta, branca, amarela e vermelha
- Quatro cubinhos de gelo

 5 minutos de preparação

 30 minutos de observação

Dica
Para perceber melhor o efeito, coloque seu experimento em um local onde os raios de sol incidam diretamente.

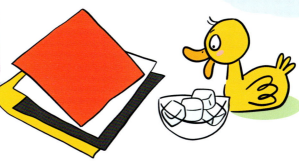

01
Coloque as quatro cartolinas, uma ao lado da outra, em um local onde bata sol.

02 Após 10 minutos, ponha a mão em cada cartolina e verifique qual delas está mais quente.

03 Em seguida, ponha um cubinho de gelo sobre cada cartolina.

04 Observe o quanto os cubos de gelo derreteram depois de 10 a 20 minutos.

O que está acontecendo?

O preto é a cor que mais absorve o calor, por isso é o primeiro a esquentar. O branco, por sua vez, é a cor que mais o reflete e, portanto, demorou muito mais. As outras cores só absorvem um pouco, então você pode fazer uma escala de "menos para mais".

25

A cor do céu

De que cor é o céu? Com certeza, sua primeira resposta foi "azul", mas você precisa saber que o céu não é azul, nós é que "o vemos" assim.

O céu por si só não tem uma cor definida. O que nossos olhos veem é a luz do Sol que se reflete na camada de ar que recobre o planeta, a atmosfera.

A luz do Sol surge branca e se decompõe nas cores do arco-íris. Quando os raios de sol chegam à atmosfera, há cores que a atravessam e outras que não. É o caso do azul, que não consegue atravessar e fica preso, fazendo com que o céu pareça azul.

Mas o azul não é a única cor do céu que reconhecemos. Ao entardecer ou no início da noite, ele parece laranja ou vermelho. À medida que o Sol se aproxima do horizonte, a luz tem que atravessar mais vezes a atmosfera até chegar aos nossos olhos. Assim, os tons azuis se dispersam, mas os laranjas ficam, criando essas cores tão bonitas que a natureza nos oferece.

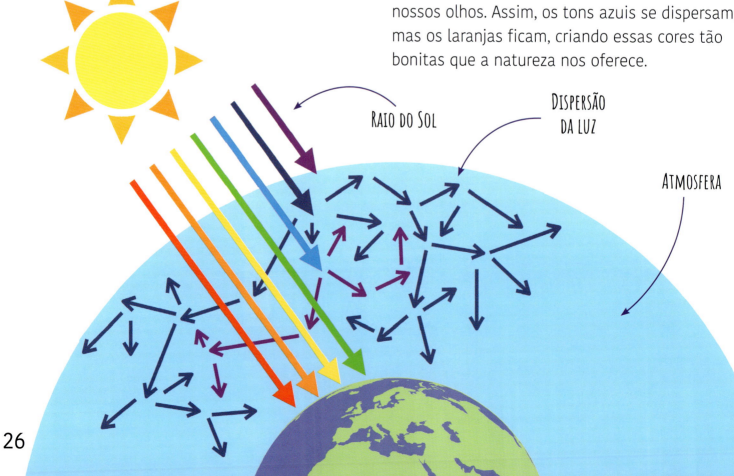

O leite é branco ou azul?

Você precisa de:
- Um copo grande transparente
- Leite
- Água
- Uma lanterna
- Uma folha de papel

5 minutos de preparação

Dica
Apague a luz do ambiente para ver melhor o seu experimento.

01 Encha o copo transparente com água.

02 Coloque algumas gotas de leite. Observe a cor da água.

03 Apague a luz do ambiente e ilumine o copo com a lanterna.

04 E agora, de que cor você vê a água?

05 Ponha uma folha de papel atrás do copo, do lado oposto ao da lanterna. De que cor é a luz que aparece no papel?

O que está acontecendo?

O leite dispersa a luz da lanterna, assim como a atmosfera dispersa a do sol. Quando apontamos a luz da lanterna na direção do recipiente, vemos o conteúdo azul porque é a cor que ficou "retida" no leite. Quando colocamos o papel do outro lado, vemos que a luz da lanterna se reflete amarela.

27

A luz que não vemos

A luz não se comporta sempre da mesma maneira e nem todos os objetos que emitem luz o fazem do mesmo jeito. Por exemplo, a luz do sol não é a mesma que a luz de uma lâmpada, a que projeta uma lanterna ou a de um laser. O tipo de luz depende do tipo de ondas que são emitidas.

Nossos olhos são preparados para captar a luz que se encontra no que se conhece como o "espectro visível", que é o tipo de onda que podemos distinguir. Mas existem outros tipos também, como a luz infravermelha ou a ultravioleta, que, apesar de não sermos capazes de percebê-las a olho nu, não significa que elas não existem.

A presença dessas ondas e desse tipo de luz que não podemos ver a olho nu às vezes significa que temos que nos proteger delas. Por exemplo, usamos protetor solar para nos proteger da radiação ultravioleta do sol. É por isso que podemos nos queimar em um dia nublado, porque, apesar de parecer que não há luz suficiente para nos queimar, a luz ultravioleta nos atinge e pode provocar queimaduras na pele. Ao ar livre, você precisa se proteger dos raios solares!

Como vemos as cores?

O que sai do controle remoto?

Você precisa de:
- Um controle remoto
- Um celular com câmera

5 minutos de preparação

01
Sente-se e se posicione. Aponte o controle remoto para a câmera do celular.

02
Olhe para o controle pela câmera do celular. Você vê alguma coisa? Imaginava algo assim?

03
Sem deixar de olhar o celular e de apontar o controle para ele, aperte qualquer botão do controle.

04
O que você viu? Faz diferença olhar com e sem o celular?

O que está acontecendo?

Há uma luz invisível! O controle remoto funciona emitindo sinais infravermelhos para os eletrodomésticos. Nosso olho não está preparado para captar a radiação infravermelha, mas a câmera do celular pode fazer isso.

Quanto mede a Lua?

Atualmente, a humanidade envia satélites, sondas e outros artefatos de exploração espacial pelo universo para coletar informações e reenviar para nós. Isso nos permite saber muito mais sobre as estrelas, os planetas e as galáxias que nos rodeiam.

Antigamente, não existiam esses instrumentos. Muitas das teorias formuladas pelas antigas civilizações egípcias ou gregas foram demonstradas alguns séculos depois. Como isso era possível sem os nossos instrumentos sofisticados?

Algumas das soluções eram muito engenhosas, como, por exemplo, empregar as sombras para calcular os tamanhos.

Foi o grego Hiparco que tratou de calcular o tamanho da Lua pela primeira vez. Ele aproveitou um eclipse lunar, que é quando a Terra se interpõe entre o Sol e a Lua, para ver quanto o nosso satélite precisava se mover para sair da sombra da Terra. Ao precisar se deslocar cerca de três vezes o diâmetro do planeta, calculou-se que media aproximadamente três vezes menos que a Terra.

Comprove... O que vai acontecer?

Quando a luz incide diretamente sobre a bola, a sombra que projeta é praticamente igual ao seu tamanho real. É isso que ocorre, às vezes, em um eclipse da Lua, como observou Hiparco. Você usou a mesma técnica dele: se souber quantas bolinhas cabem na sombra da bola, você saberá a relação que seus tamanhos têm.

Cálculos com a sombra

Você precisa de:
- Uma régua
- Uma bola
- Bolinhas de gude do mesmo tamanho
- Fita adesiva
- Uma cadeira
- Um livro
- Uma lanterna
- Uma fita métrica

20 minutos de preparação

Dica
Apague a luz do ambiente para ver melhor o seu experimento.

01 Meça e anote o diâmetro da bola e da cada bolinha.

02 Cole a bola na ponta da régua com a fita adesiva.

03 Apoie metade da régua na borda da cadeira, de modo que a outra metade fique flutuando no ar. Ponha um livro na cadeira, sobre a régua, para servir de contrapeso e para que a bola não caia.

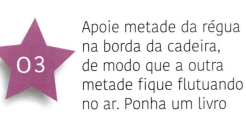

04 De cima, aponte a lanterna na direção da bola que está flutuando no ar.

05 Coloque as bolinhas em fila até cobrir a sombra da bola de um lado ao outro.

06 Compare os resultados. Multiplique o número de bolinhas que você usou pelo seu diâmetro.

31

As fases da Lua

A Terra, ao contrário de outros planetas, como Júpiter (acredita-se que tenha 600 luas!), tem apenas um satélite natural, a Lua.

A Lua gira ao redor da Terra e está a cerca de 384.400 quilômetros de distância. Apesar de parecer muito, é o corpo celeste mais próximo e podemos observá-lo a olho nu. Embora possamos achar que a Lua brilha com luz própria à noite, na realidade, ela reflete apenas a luz do Sol. De acordo com sua posição, podemos vê-la mais ou menos iluminada – isso é o que conhecemos como as fases da Lua.

Quando a Lua fica totalmente iluminada, diz-se que ela está "cheia". Quando não a vemos iluminada, damos a ela o nome de "lua nova". Entre essas duas fases, há outras duas: crescente ou minguante, quando se vê apenas uma parte da Lua.

Como pudemos ver, a Lua também depende do lugar no planeta onde nos encontramos. Por exemplo, perto da linha do Equador, a Lua crescente parece um rosto sorridente, enquanto no resto do mundo ela parece um "D".

Fases da Lua do Hemisfério Norte

Semana 1	Semana 2	Semana 3	Semana 4	Semana 5
Nova	¼	Cheia	¾	Nova

Fases da Lua do Hemisfério Sul

Semana 1	Semana 2	Semana 3	Semana 4	Semana 5
Nova	¼	Cheia	¾	Nova

Fases da Lua na linha equatorial

Semana 1	Semana 2	Semana 3	Semana 4	Semana 5
Nova	¼	Cheia	¾	Nova

A caixa lunar

Você precisa de:
- Uma caixa de papelão com tampa
- Tinta preta
- Pincéis
- Um bolinha de cortiça ou isopor
- Papel alumínio
- Um palito
- Argila ou massinha
- Uma lanterna
- Um estilete
- Fita adesiva

30 minutos de preparação

Atenção
Tome cuidado para não se cortar com o estilete!

Dica
Apague a luz do ambiente para ver melhor o seu experimento. Se quiser, enfeite a caixa com adesivos.

01

Pinte de preto o interior da caixa, da tampa e o palito.

02
Envolva a bolinha com papel alumínio para que ela fique brilhante.

03
Quando tudo estiver seco, recorte um quadrado, como se fosse uma janela, no centro de três laterais da caixa.

04

Na quarta lateral, uma das largas, faça dois furos no centro: uma janela como as anteriores e, ao seu lado, um buraco que caiba a lanterna.

05
Enfie uma ponta do palito no centro da bola e, a outra, no centro da base da caixa. Prenda-a com a argila para que não se mexa.

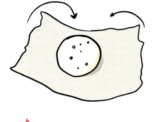

06
Apague a luz do ambiente, acenda a lanterna e olhe por cada uma das janelas. Como você vê a bola por cada janela?

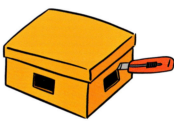

O que está acontecendo?

Vamos imaginar que a Lua é a bola e a lanterna, o Sol. Quando totalmente iluminada, ela está na fase cheia. No lado oposto, só se vê a sombra; portanto, ela está na fase nova. Nas laterais, a luz só chega de um lado, e ela se torna crescente ou minguante.

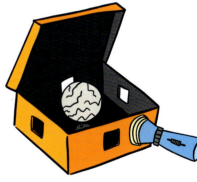

A Lua está sincronizada

É muito comum ouvir que a Lua tem um "lado escuro" porque ela sempre nos mostra apenas uma de suas faces. Você já deve ter ouvido falar também que esse é o seu "lado negro", mas isso é um erro, já que todas as faces recebem a luz do sol, embora da Terra não pareça assim.

As duas faces da Lua têm leves diferenças. Como está mais exposta ao restante do espaço, a face oculta tem um número maior de crateras, provocadas pelo impacto dos meteoritos.

A Lua gira ao redor da Terra, o movimento de translação, e sobre si mesma, no de rotação. Mas esses dois movimentos são sincronizados, quer dizer, para dar a volta em nosso planeta, a Lua leva o mesmo tempo que para rodar sobre si mesma: cerca de 27 dias.

Da Terra, não podemos ver a face oculta, mas diferentes pesquisas conseguiram. A primeira fotografia da face oculta foi tirada em 1959 pela sonda espacial soviética Luna 3.

Comprove... O que vai acontecer?

Com este exercício, você percebeu como a Lua (você com a bola na cabeça) gira ao redor da Terra (pessoa sentada). Na primeira volta, ao olhar na direção do Sol (pessoa na parede), você mostrou que, se a Lua não girasse sobre si mesma, a partir da Terra veríamos todas as suas faces. No entanto, sabemos que vemos sempre a mesma face da Lua porque ela gira sobre si mesma e isso foi demonstrado pela segunda volta. A Terra viu sempre o mesmo lado, onde estava o papel, mas o Sol viu partes diferentes, mostrando que a Lua também gira em seu próprio eixo.

Crateras e meteoritos

Você já viu uma estrela cadente? Na realidade, o termo "estrela cadente" não é cientificamente correto, já que não se trata de "estrelas". Há várias palavras que precisamos conhecer.

Um **meteoroide** é um corpo espacial feito de pó, gelo e pedras.

Um meteoro é o rastro luminoso deixado por um **meteoroide** ao atravessar a atmosfera, o que erroneamente conhecemos como "estrela cadente".

Um meteorito é um **meteoroide** em colisão contra a superfície da Terra porque, ao atravessar a atmosfera, não se decompôs totalmente.

A atmosfera é essa camada de gases que existe ao redor da Terra e nos protege de muitas coisas. Entre as quais, é capaz de nos proteger dos meteoroides que colidem com ela e se desintegram, dando origem àquela luz que tanto reconhecemos no céu. A maior parte dos meteoroides é pequena e pode se desintegrar facilmente na atmosfera, mas alguns podem atingir o solo e deixar uma cratera.

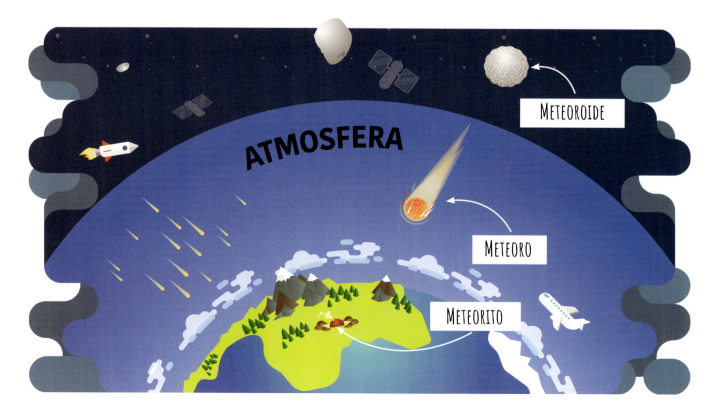

Por que se flutua no espaço?

Por acaso você já sentiu que pesa menos quando está descendo de elevador? Parece que seu peso mudou, mas é uma sensação que se deve à força da gravidade.

A gravidade puxa nosso corpo e todos os objetos para o centro da Terra. Se deixarmos cair alguma coisa no chão, será em queda livre, que é quando um objeto cai apenas pela ação da gravidade.

Para que uma pessoa tenha a sensação de queda livre é necessário descer bem depressa ou que nosso peso se torne insignificante.

A gravidade faz com que os planetas e outros objetos e elementos do espaço sejam atraídos uns pelos outros, mas entre eles, no espaço, há ausência de peso. É por isso que, no espaço, os astronautas se sentem como se estivessem em queda livre o todo tempo.

De fato, o treinamento para astronautas inclui a prática em queda livre: em um avião, eles sobem bem alto na atmosfera e o fazem descer subitamente. Ao descer rapidamente, o avião dá essa sensação de leveza. É uma forma de praticarem o que vão viver no espaço.

Experimente a ausência de peso na Terra

Você precisa de:
- Um furador ou um estilete
- Uma câmera de vídeo ou um celular com câmera
- Uma garrafa plástica
- Água

15 minutos de preparação

Atenção
Cuidado para não se cortar com o furador ou com o estilete!

Dica
Fique numa superfície plana e estável, como o chão, e que possa ser facilmente limpa.

01
Faça um furinho na parte baixa da lateral da garrafa.

02
Tampe o furo com o dedo e coloque água até a metade da garrafa.

03
Coloque-a em um lugar que possa ser molhado e peça para alguém gravar em vídeo a próxima etapa.

04
Tire o dedo do furo, levante a garrafa e deixe-a cair.

05
Veja o vídeo gravado em câmera lenta. O que aconteceu com o jato de água que saía do furo?

O que está acontecendo?

Ao soltar a garrafa, a água para de cair. Além de uma queda livre, você conseguiu equilibrar a pressão. Gravidade e pressão no interior da garrafa fazem a água cair pelo buraco. Mas, ao colocá-la em queda livre, o peso da água não influencia e ela não sai pelo buraco.

39

Os anéis de Saturno

Alguns planetas têm um círculo de anéis que os circundam. O primeiro dos planetas do universo que sabemos ter anéis fica no Sistema Solar: é Saturno.

Com os primeiros telescópios, foi possível distinguir o círculo de anéis que rodeiam o planeta, pois são bastante grandes e podem ser vistos sem dispositivos especialmente potentes. À medida que os telescópios e outros recursos, como os satélites e sondas espaciais, foram se desenvolvendo, aprendemos muitas coisas sobre esses anéis e seu funcionamento.

Mesmo que possam parecer algo homogêneo e liso, os anéis, na verdade, são uma mistura de partículas, gases, rochas e pequenos asteroides de diferentes tamanhos que são atraídos para Saturno pela força de sua gravidade e que giram ao seu redor devido ao efeito dessa atração e da força centrífuga.

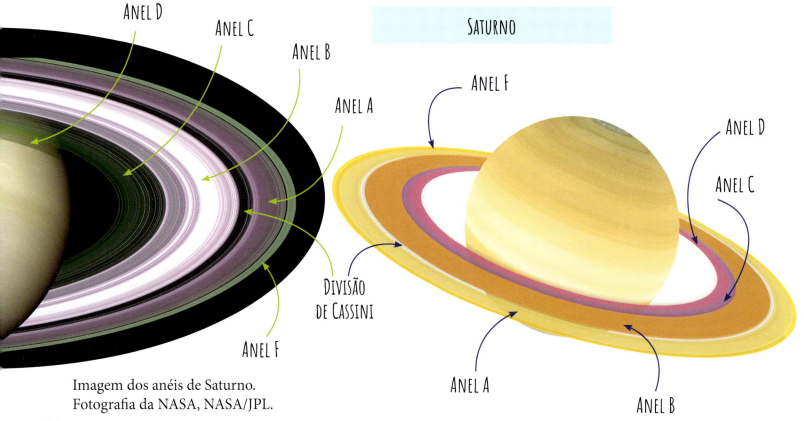

Imagem dos anéis de Saturno. Fotografia da NASA, NASA/JPL.

Por que os planetas são redondos?

Os planetas, tal qual a maior parte dos corpos celestes, como as estrelas ou os satélites, têm formato redondo, esférico. Mas você já se perguntou a razão? A resposta é uma mistura de motivos.

Em primeiro lugar, está a gravidade, que é a força que empurra para o centro qualquer corpo ou objeto. Dependendo do tamanho e de outras características do corpo celeste, a força da gravidade será maior ou menor, mas, em qualquer caso, ela sempre "puxa" os objetos para o centro. Por outro lado, há movimentos de rotação, ou seja, quando giram sobre o próprio eixo. Esse movimento faz com que as coisas que estão mais afastadas do eixo de rotação girem mais rápido: é a chamada força centrífuga. É a mesma coisa que acontece em uma máquina de lavar roupa. Quando ela gira rapidamente, as roupas se movem em direção às paredes porque sofrem um empurrão que as desloca para o lugar mais distante do seu eixo.

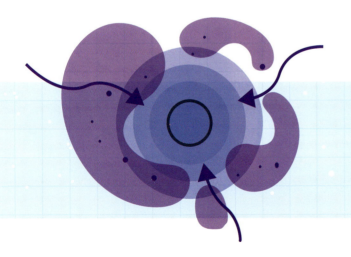

A GRAVIDADE PUXA A MATÉRIA PARA O CENTRO.

Se levarmos em conta o movimento que faz com que se movam mais depressa no centro devido à força centrífuga e que a gravidade puxa para o centro, os planetas acabam tendo uma forma esférica em que se alarga em direção ao centro e se estreita na direção das extremidades ou polos.

Comprove... O que vai acontecer?

O óleo se acumulou, formando uma esfera, como os corpos celestes no espaço. Quando movimentamos o palito, a bolha gira sobre si mesma e se alarga em torno do centro devido ao efeito da força centrífuga, deixando-a com a mesma forma dos planetas: uma esfera.

A esfera que se deforma

Você precisa de:
- Uma tampa de garrafa
- Uma pedra que caiba na tampa
- Um palito comprido e fino
- Um copo transparente
- Álcool
- Óleo
- Água

15 minutos de preparação

Atenção
Não use o álcool sem a supervisão de um adulto.

01 Coloque a pedra dentro da tampinha de garrafa.

02 Encha a tampa com a pedra com óleo e, com cuidado, coloque no fundo do copo transparente.

03 Com cuidado, ponha o álcool no copo, deixando-o escorrer pela parede, até que passe cerca de um centímetro acima da tampinha.

04 Encha o copo com água como fez com o álcool, deixando-a escorrer pela parede. Se a mistura se tornar turva, espere um pouco até que volte a ficar transparente, e aí continue a encher o copo.

05 Use o palito para mexer a água e fazer a bolha de óleo girar rapidamente, com cuidado para não desmanchá-la.

06 Ao ganhar velocidade, que forma adquire a bolha de óleo?

43

Ver o céu de perto

O ser humano sempre teve fascínio pelo céu e ficou imaginando como seriam todos aqueles pontinhos de luz de perto. Foi Galileu Galilei que, em 1609, registrou o primeiro telescópio astronômico, graças ao qual fez grandes descobertas sobre o universo.

O telescópio é um instrumento que nos permite ver objetos distantes mais de perto. Funciona graças a lentes e à luz. Quanto maior for a lente utilizada, mais luz o telescópio poderá recolher e maior serão vistos os objetos distantes.

Toda essa luz que ele capta do objeto é focada, concentrada e direcionada para o nosso olho graças às suas lentes. Isso faz com que objetos distantes sejam vistos de forma melhor e maiores.

Atualmente, graças aos telescópios espaciais, podemos observar e fotografar galáxias e planetas muito distantes. O telescópio espacial Hubble, da NASA, que está na órbita da Terra desde 1990, conseguiu fotografar a galáxia mais distante da Terra: a 13.700 milhões de anos-luz!

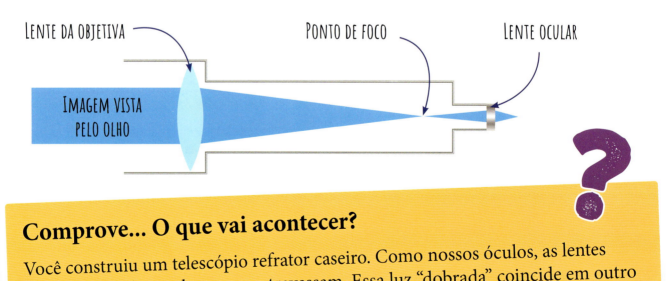

Comprove... O que vai acontecer?

Você construiu um telescópio refrator caseiro. Como nossos óculos, as lentes das lupas ampliam a luz que as atravessam. Essa luz "dobrada" coincide em outro ponto com o foco da lente pequena, fazendo com que pareça que o objeto está mais perto de nós. Quanto maior for a lupa, melhor poderemos ver o objeto.

44

Um telescópio em casa

20 minutos de preparação

Você precisa de:
- Duas lentes de lupas, uma com mais ou menos 3 centímetros e a outra, maior
- Papel cartão
- Um lápis
- Fita adesiva
- Tesoura
- Uma régua

Atenção
Cuidado para não se cortar com a tesoura!

Dica
Use o telescópio em uma área externa e escura, sem poluição luminosa.

01

Use o telescópio em uma área externa e escura, sem poluição luminosa.

02

A partir dessa marca, meça 30 centímetros de comprimento no papel cartão.

03

Recorte ao longo do comprimento e da largura das linhas marcadas para obter um cilindro.

04
Coloque o papel cartão recortado em volta da lente e cole com a fita adesiva.

05
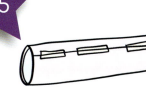
Repita os passos anteriores com as medidas da outra lupa.

06
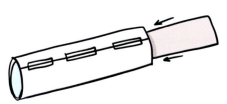
Introduza o tubo pequeno dentro do grande.

07

Olhe através da lente da lupa menor e mova as duas lentes de lupa até que você consiga ver os objetos distantes com nitidez.

Você também pode utilizar a lupa completa. O tubo ajudará você a segurar melhor seu telescópio.

45

As estrelas se apagam à noite?

Observar o céu à noite é uma coisa que sempre fascinou a humanidade. Mas... por que as estrelas brilham? Algumas piscam, outras não; algumas estão sempre lá, outras, só às vezes.

As estrelas são corpos celestes feitos de gases que, por dentro, sofrem uma fusão nuclear. Essa reação produz luz e é isso que as faz brilhar. Elas parecem mais ou menos brilhantes dependendo do tamanho e da distância a que estão do nosso planeta. Mas elas não brilham para sempre, pois em certo momento elas ficam sem o "combustível" com o qual fazem a reação e se apagam.

Da Terra, vemos as estrelas de maneira diferente e decidimos unir seus pontos, formando as figuras que conhecemos como constelações. As constelações são grupos de estrelas que parecem estar muito próximas, mas, na realidade, podem estar bastante separadas no espaço. Da nossa perspectiva, o cenário que as estrelas nos mostram muda de acordo com o movimento da Terra ou com o lugar em que estamos. Por exemplo, no hemisfério norte veremos a Ursa Maior e a Cassiopeia e, no hemisfério sul, a Cão Maior e o Cruzeiro do Sul.

Cão Maior

Ursa Menor

Cassiopeia

Cruzeiro do Sul

Ursa Maior

46

A **estrela** que sempre brilha

15 minutos de preparação

Atenção
Cuidado para não se cortar com a tesoura. E não use o furador ou o agulhão sem supervisão.

Dica
Para fazer este experimento, você precisa estar em um ambiente escuro. E também vai precisar procurar imagens de constelações para usar como modelo.

Você precisa de:
- Cartolina preta
- Um lápis
- Um furador de papel ou um agulhão
- Uma lanterna
- Tesoura

01 Com o lápis, marque na cartolina o contorno do foco da lanterna. Desenhe tantos círculos quantas constelações você quiser fazer.

02 Recorte cada círculo na linha que você desenhou, deixando um pouco de espaço.

 03  Observe os desenhos das constelações que você quer fazer e use o furador de papel ou o agulhão para repeti-los nos círculos de cartolina.

04 Em um ambiente escuro, ligue a lanterna e coloque diante dela cada constelação. Aponte a lanterna para a parede. Aparecerão estrelas na sua casa!

05 Sem desligar a lanterna, acenda a luz. As estrelas ainda estão por aí?

O que está acontecendo?
As estrelas não se "apagam" no fim da noite, mas a luz solar que é muito mais intensa e nos impede de vê-las. Durante o dia, vemos uma grande estrela, o Sol, que tem muito mais energia e tamanho que as demais. As estrelas estão lá, mas o Sol as encobre.

47

O vazio no espaço

Quando falamos de vazio em ciência, estamos nos referindo à ausência de tudo, até mesmo ar e gases. Quando temos um copo, ainda que sem água ou qualquer outro líquido dentro, ele não está realmente vazio, pois continua cheio de ar.

Encontrar algo completamente vazio no nosso planeta é muito difícil. De fato, para conseguir isso, precisamos de algum tipo de aparelho. Por exemplo, quando no supermercado encontramos produtos que são "embalados a vácuo", quer dizer que, para isso, todo o ar que havia dentro da embalagem foi extraído. Isso é usado para manter os alimentos em boas condições por mais tempo.

Mas há um lugar onde podemos encontrar o vazio: o espaço, especialmente nas grandes extensões vazias existentes entre os planetas ou galáxias, onde é possível falar da ausência de qualquer coisa, inclusive de ar. Por isso, no espaço não se pode respirar e é imprescindível que as estações espaciais onde vivem os astronautas sejam completamente fechadas, para evitar que o oxigênio se perca no espaço. Além disso, o vácuo tem uma grande força de sucção, o que significa que, se abrirmos a porta da estação espacial, tudo o que existe lá dentro se perderá no vazio.

Viajar para o espaço em um foguete

No futuro, teremos novos desafios, mas hoje... por que não podemos ir para o espaço de avião? Os aviões se movem dentro da atmosfera graças ao ar, mas, se quisermos ir mais longe e viajar pelo espaço, teremos que usar um outro meio de transporte: um foguete.

Os foguetes nos permitem ir para o espaço, onde não tem ar, e viajam muito depressa: a 40 mil quilômetros por hora! Uma velocidade até agora desconhecida para todos nós.

Para um foguete funcionar, ele precisa, além das aletas que o estabilizam, um motor de propulsão: um motor que queima combustível, como o hidrogênio, e que faz com que o foguete avance pelo impulso da saída de seus gases.

Os foguetes podem ir para o espaço graças à Terceira Lei de Newton: toda força corresponde a outra de igual magnitude, na direção oposta; ou seja, o foguete sobe com a mesma força que os gases exercem para baixo.

A queima do combustível faz com que se produza muita pressão que é liberada por um pequeno orifício. Ao deixar a pressão sair por baixo, produz-se um impulso e o foguete sai em propulsão para cima.

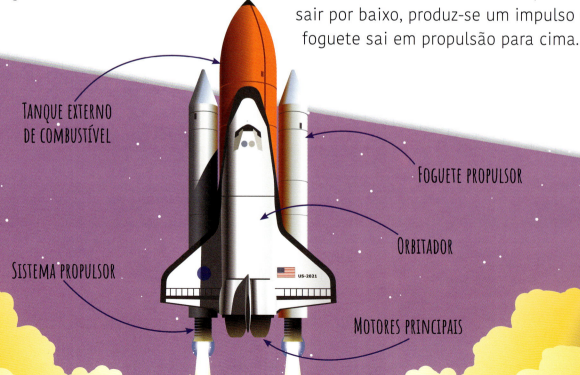

Tanque externo de combustível

Foguete propulsor

Orbitador

Sistema propulsor

Motores principais

Suba, levante e voe!

15 minutos de preparação

Você precisa de:
- Uma garrafa de plástico
- Três lápis
- Fita adesiva
- Vinagre
- Bicarbonato
- Uma colher grande
- Papel higiênico
- Uma rolha de cortiça

Dica
Faça este experimento em um lugar espaçoso ao ar livre. Você pode decorar seu foguete com cartolina para deixá-lo mais legal.

01 Cole os três lápis nas laterais da parte superior da garrafa para que sirvam de suporte.

02 Na garrafa, coloque 250 ml de vinagre com muito cuidado.

03 Ponha uma colherada grande de bicarbonato sobre um pedaço de papel higiênico. Feche-o bem e coloque-o dentro da garrafa.

04 Feche a garrafa com a rolha, vire-a de cabeça para baixo, apoiando-a nos lápis e afaste-se rapidamente.

05 Afaste-se da garrafa e aguarde uns minutos. O que aconteceu?

O que está acontecendo?

Nosso foguete subiu em disparada! O ácido do vinagre reagiu com o bicarbonato gerando gás (CO_2). Como a garrafa estava fechada, o gás se expandiu por toda a garrafa, começou a fazer pressão e saiu pelo único orifício possível: destampando a rolha!

Satélites no espaço

Além do céu, a mais de 10 mil quilômetros de altura, existem milhares de satélites artificiais que cumprem funções como prever o tempo, transmitir ondas de rádio, televisão e chamadas telefônicas, permitir nossa localização graças ao GPS etc. Mas como eles conseguem ficar "flutuando" em volta da Terra?

Os satélites não caem devido à gravidade, nem são atirados no espaço. Isso se deve a dois fatores: sua velocidade e a força da gravidade da Terra. Os satélites se equilibram entre ambas as forças para manter sua posição e não cair ou serem ejetados no espaço.

Atualmente há cerca de 3.500 satélites artificiais orbitando ao redor do planeta. Eles cumprem uma função concreta, mas existem outros milhares de objetos que não cumprem nenhuma função e são considerados lixo espacial. São sobras de peças, satélites inativos, pedaços de foguetes etc. É um grande desafio, e não é fácil coletar ou parar de produzir esse lixo espacial. O ser humano tem que cumprir essa missão!

Tipos de satélites de acordo com sua órbita

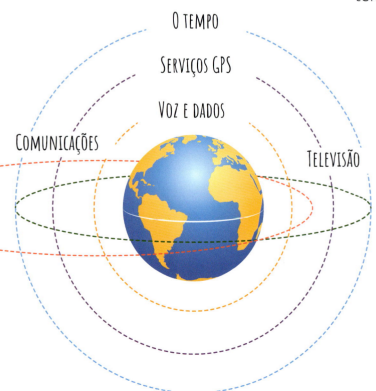

- O tempo
- Serviços GPS
- Voz e dados
- Comunicações
- Televisão

- Voz e dados
- Serviços GPS
- O tempo
- Televisão
- Comunicações

52

O equilíbrio de forças

Você precisa de:
- Barbante
- Uma folha de papel

5 minutos de preparação

01
Vamos começar! Faça uma bola com a folha de papel.

02
Em seguida, amarre o barbante no centro da bola de papel.

03
Segure a ponta do barbante com a mão, enquanto realiza um círculo com a bola em direção ao chão. Depois de dar cinco voltas ou mais, solte o barbante.

04
A bola continua girando enquanto cai? Preste atenção! A bola cai em linha reta, não em círculos.

O que está acontecendo?

Imagine que a bola é o satélite, sua mão é a Terra e o barbante, a força da gravidade. O satélite gira com certa velocidade em torno da Terra, que exerce uma força de atração sobre ele, mas eles se mantêm em equilíbrio. Sem gravidade (sem barbante), ela atravessaria o espaço sem girar.

53

Os veículos sem atrito do futuro

Em algum momento, você já pensou no que aconteceria se os carros voassem? Praticamente, desde que o primeiro carro foi inventado, alguém achou que o próximo passo seria criar carros voadores para nós.

O motivo pelo qual se pensou em veículos voadores tem uma razão muito prática: que o terreno não seja um inconveniente para viajar.

Ao se deslocar, um carro precisa que o terreno seja o mais liso possível. Por isso, desenvolveram-se estradas, ruas e rodovias asfaltadas. Mas, quando saem das estradas, os carros têm que se mover bem mais devagar e com cuidado, porque o atrito das rodas com o solo o freia, entre outras coisas.

O atrito é uma das forças que fazem com que qualquer objeto desacelere por si só, uma vez que tem impulso. Assim como deslizamos suavemente sobre uma superfície polida, como o gelo, por outro lado, freamos rapidamente na areia se quisermos deslizar nela. O atrito no ar é mínimo, então é muito melhor se movimentar nele. Quando você acha que poderemos fazer viagens em veículos voadores? Adoraríamos que fosse logo, não é mesmo?

Hovercraft caseiro

30 minutos de preparação

Você precisa de:
- Um balão
- Um CD
- Uma tampinha de garrafa, preferivelmente com válvula
- Cola
- Fita adesiva

01 Cole a tampinha de garrafa no CD, assegurando-se de que a base da tampinha cubra o furo central do CD e que a válvula fique para cima.

Dica
Faça este experimento em um local espaçoso, ao ar livre e chão liso.

02 Sopre, sopre e infle o balão.

03 Ponha o balão sobre a válvula fechada e prenda-o com a fita adesiva.

04 Abra a válvula com cuidado.

05 Deixe o CD no chão e veja o que acontece.

O que está acontecendo?

Quando abrimos a válvula, o ar do balão sai pouco a pouco, gerando uma pequena corrente de ar que levanta o CD alguns milímetros do solo. Ao fazer isso, o atrito com a superfície desaparece, o CD fica flutuando e desliza sem problemas.

55

VOCÊ PRECISA SABER...

Anticiclone Região onde a pressão atmosférica é maior que o ar à sua volta, por isso o clima costuma ser mais estável e sem chuvas.

Atmosfera Camada de gás que envolve um corpo celeste. A da Terra tem várias camadas (troposfera, estratosfera, mesosfera, termosfera e exosfera), contém oxigênio para que possamos respirar e nos protege da radiação solar e da explosão dos meteoritos.

Tempestade Área onde a pressão atmosférica é mais baixa que o ar ao redor e são produzidas as tormentas.

Cratera Buraco ou depressão deixado pelo impacto de um meteorito na superfície de qualquer astro.

Eclipse Fenômeno em que a luz de um astro é bloqueada pela interposição de outro corpo celeste. Da Terra é possível ver eclipses totais ou parciais tanto do Sol quanto da Lua.

Estrela Corpo celeste que tem luz própria. A mais próxima da Terra é o Sol.

Fases da Lua Em seu movimento ao redor da Terra, a parte visível da Lua vai mudando e assim temos a Lua Nova (não se vê), a Lua Cheia (quando se vê inteira) e também os quartos Crescente e Minguante.

Galileu Galilei Astrônomo e cientista italiano que, no início do século XVII, demonstrou com suas observações (com um telescópio primitivo) que a Terra girava ao redor do Sol. Suas teorias confrontaram o poder da Igreja, e ele foi julgado como herege.

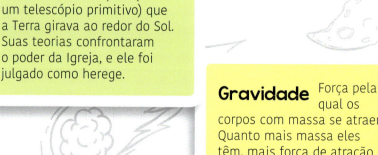

Hiparco Astrônomo e matemático grego que fez o primeiro catálogo de estrelas, dividiu o dia em 24 horas e calculou, pela primeira vez, a distância que havia entre a Terra e a Lua.

Gravidade Força pela qual os corpos com massa se atraem. Quanto mais massa eles têm, mais força de atração exercem. É a razão pela qual, ao soltarmos um objeto, ele cai no chão (é atraído pela Terra) e que também explica as órbitas dos planetas ao redor do Sol ou dos satélites ao redor dos planetas.

Issac Newton

Cientista inglês nascido no século XVI que descobriu as leis da física básica:

Lei da inércia: um corpo permanece em repouso ou em movimento retilíneo se nenhuma outra força atua sobre ele.

Lei da dinâmica: ao aplicar força sobre um objeto, este acelera, para ou troca de rumo; e quanto maior for a força, maior é a variação do movimento.

Lei da atração e reação: ao aplicar uma força sobre um corpo, ele aplica outra força igual, mas em sentido contrário.

Lei da gravidade: estabelece a força com que são atraídos dois corpos simplesmente porque eles têm massa.

Meteorito

Corpo do Sistema Solar com até 50 metros de tamanho, que não se desintegra totalmente na atmosfera terrestre e acaba caindo no solo.

NASA

National Aeronautics and Space Administration (Administração Nacional da Aeronáutica e Espaço) é a agência norte-americana encarregada de programas espaciais, alguns tão famosos quanto a missão Apollo XI, que levou o primeiro ser humano à Lua.

Órbita

Trajetória em forma de elipse que descreve um corpo celeste girando em torno de outro, sob a influência da força de gravidade deste.

Planeta

Corpo Celeste que gira em torno de uma estrela e não tem luz própria. A Terra é um planeta.

Pressão atmosférica

Peso que o ar exerce em qualquer ponto da Terra. Quanto mais alto, menor pressão haverá; e quanto baixo, maior pressão haverá.

Rotação

Movimento de um astro ao girar sobre o próprio eixo. A Terra tem o eixo inclinado cerca de 23° e leva 24 horas para completar a volta (um dia); este movimento é responsável pela existência do dia e da noite (dependendo se o Sol ilumina um lado ou outro do planeta).

Satélite

Corpo celeste que gira em torno de um planeta. A Terra tem apenas um satélite, que é a Lua, mas há planetas com centenas de satélites.

Sistema Solar

O sistema planetário no qual a Terra está localizada. Consiste em uma estrela (o Sol) em torno do qual orbitam oito planetas: Mercúrio, Vênus, Terra, Marte, Júpiter, Saturno, Urano e Netuno.

Translação

Movimento de um astro quando gira ao redor de outro. A Terra gira em volta do Sol e leva 365 dias e 6 horas para completar a volta (um ano). Devido à translação, as estações se sucedem, dependendo se está mais perto ou mais longe do Sol (mais ou menos luz e calor).